Udo Lihs

Ethisches Argumentieren in der Schule

Gesellschaftliche, psychologische und philosophische G. ...sche Ansätze

GRIN - Verlag für akademische Texte

Der GRIN Verlag mit Sitz in München hat sich seit der Gründung im Jahr 1998 auf die Veröffentlichung akademischer Texte spezialisiert.

Die Verlagswebseite www.grin.com ist für Studenten, Hochschullehrer und andere Akademiker die ideale Plattform, ihre Fachtexte, Studienarbeiten, Abschlussarbeiten oder Dissertationen einem breiten Publikum zu präsentieren.

Dokument Nr. V144125 aus dem GRIN Verlagsprogramm

Udo Lihs

Ethisches Argumentieren in der Schule

Gesellschaftliche, psychologische und philosophische Grundlagen und didaktische Ansätze

GRIN Verlag

Bibliografische Information der Deutschen Nationalbibliothek: Die Deutsche Bibliothek verzeichnet diese Publikation in der Deutschen Nationalbibliografie; detaillierte bibliografische Daten sind im Internet über http://dnb.d-nb.de/ abrufbar.

1. Auflage 2009

http://www.grin.com/
Druck und Bindung: Books on Demand GmbH, Norderstedt Germany
ISBN 978-3-640-52598-0

UNIVERSITÄT POTSDAM
LEBENSKUNDE-ETHIK-RELIGION (LER)
WINTERSEMESTER 2009/2010

Abgabe: 29.01.2010

Ethisches Argumentieren in der Schule

Gesellschaftliche, psychologische und philosophische Grundlagen und didaktische Ansätze

Schriftliche Arbeit im Modul Fachdidaktik (Modul III)

Udo Lihs

LEBENSKUNDE – ETHIK - RELIGION (1. FACH) (BA) (LSIP)
DEUTSCH (2. FACH) (BA) (LSIP)

9. Semester

Inhaltsverzeichnis

1. Einführung

Das Argumentieren gehört nicht nur zum Handwerkszeug des Rhetorikers, es ist die Grundlage jeder Ethik, die Moral begründet, rechtfertigt oder untermauert. In dem Sinne ist das Argumentieren eine wichtige Fähigkeit, die Schüler im Ethik- bzw. im LER-Unterricht nicht nur verstehen, sondern gar praktisch beherrschen müssen, z.B. wenn über ethische Themen, wie Todesstrafe, Gerechtigkeit oder Glück in der Klasse diskutiert, debattiert oder gestritten wird. Die Fragen, die sich dabei jedem Ethik- bzw. LER-Lehrer zwangsläufig aufdrängen, sind mannigfaltig: Mit wem hat es der Lehrer zu tun? Wer sind die Schüler? Welche Moral bringen Sie aus welcher Gesellschaft in die Klasse? Was ist überhaupt Ethik? Was heißt überhaupt „argumentieren"? Können Schüler, Kinder und Jugendliche überhaupt argumentieren? Sind sie nicht zu jung, zu unreif, zu unerfahren dafür, v.a. wenn es um so abstrakte, komplizierte und hochgradig niveauvolle Fragen der Moral geht? Sind Kinder und Jugendliche damit nicht gar überfordert? Wenn ja, wie legitimiert sich dann überhaupt die E-Dimension von LER, wie legitimiert sich der Ethik-Unterricht? Wenn nein, welche Ansätze können Lehrer verfolgen, um Kinder und Jugendliche zum ethischen Argumentieren zu bewegen? Jene Fragen will ich versuchen, im Folgenden zu beantworten.

1.1. Die Risikogesellschaft und ihre Auswirkungen auf Jugendliche

Die gesellschaftliche Wirklichkeit hat sich in den letzten Jahrzehnten rapide verändert. Während noch in den 50er Jahren traditionelle Prinzipien für die Lebensgestaltung galten, Grundsätze, die die Gesellschaft zusammengehalten haben, so gilt heute in unserer fragmentarisierten Gesellschaft der Pluralismus, die Heterogenität von Standpunkten bzgl. der Lebensgestaltung. Dieser Pluralismus führt nicht nur zu mehr Kontroversen, Debatten oder zu mehr Konflikten, sondern auch zu Flexibilisierungen auf den Arbeitsmarkt, der eine zentrale Rolle in der Lebensgestaltung des Menschen im Westen spielt. Während früher das Prinzip galt, dass man nach der Schule eine Ausbildung anzustreben hatte, die zur lebenslangen Festanstellung mit der Aussicht auf eine Karriereleiter führte, so reden wir heute von Ich-AGs, von Zeitarbeit, von Projekten, Umschulungen, von der „digitalen Bohéme"[1], in der Folge von gebrochenen Lebensläufen, etc...., von Arbeitskonzeptionen, die uns mehr Freiheiten, aber gleichzeitig weniger Sicherheiten bringen und zwar aufgrund von mehr

[1] Von Selbstständigen und Freiberuflern wird das flexible Arbeiten in Projekten als positiv gesehen, die 8-Stunden-pro-Tag-Festanstellung dagegen als Belastung empfunden, so z.B. bei Holm Friebe und Sacha Lobo, die in der „digitalen Bohéme", in der „Solo-Selbstständigkeit" im „Web 2.0", im Internet die Zukunft sehen und dafür positive Kritik ernten, vgl.: Friebe, Holm; Lobo, Sascha: "Wir nennen es Arbeit: Die digitale Boheme ...", Heyne Verlag, 2006

Risiken (z.B. jederzeit gekündigt zu werden, keine Aufträge mehr zu bekommen oder nach der befristeten Stelle keinen Anschluss mehr zu finden). Ulrich Beck bezeichnet in diesem Zusammenhang die Gesellschaft, in der wir heute leben, als *„Risikogesellschaft"* und redet im Rahmen unserer individualisierten Lebensgestaltung von der *„Bastel-Biografie"*[2].

Jene „Risikogesellschaft" hat Auswirkungen auf die Lebensgestaltung der Jugendlichen und somit auf die Schüler der 7. bis zur 10. Klasse im LER-Unterricht. Zunächst ist zu verdeutlichen, dass die Jugend als soziale Kategorie nicht mehr als homogene Gruppe verstanden werden kann, sondern, wie die Gesellschaft an sich, als heterogene, plurale und zutiefst komplexe Gruppe[3], die sich von Erwachsenen lediglich hinsichtlich entwicklungspsychologischer und sozialer Anforderungen und Erwartungen unterscheidet.[4] Entsprechend gibt es eine Reihe von Jugendstudien, die die Vielfalt der Jugend hinsichtlich unterschiedlicher Aspekte verdeutlicht. Die Shell-Studie 2006 differenziert Jugendliche gemäß ihrem Verhalten bzgl. der Zukunftsperspektive auf dem Arbeitsmarkt in resignierend („Zögerliche Unauffällige" und „Robuste Materialisten") und optimistisch („Selbstbewusster Macher" und „Engagementelite").[5] Einerseits gibt es Jugendliche, die aufgrund einer Perspektivlosigkeit in Unsicherheiten, Ängste, Aggressionen oder Depressionen geraten, da sie im Rahmen der Risikogesellschaft, ihre Prinzipien, ihre Werte, wie „Sicherheit", „Zusammenhalt" oder „Ordnung" in ihrer Zukunft nicht realisiert sehen. Andererseits betrachten Jugendliche ihre Zukunft optimistisch, in dem Sinne, dass sie realisieren, dass es heute weit mehr Möglichkeiten gibt, sich selbst zu verwirklichen, statt vorgegebenen Mustern zu folgen. In dieser Multi-Optionalität predigen sie Werte, wie „Offenheit", „Vielfalt" und „Freiheit" und gestalten ein pragmatisches Leben, in dem Entscheidungen nicht nach Idealen getroffen werden, sondern individuell danach, was im Einzelfall als sinnvoll erscheint. Diese Jugendlichen besitzen also nicht mehr nur die Werte ihrer Bezugsgruppe (z.B. ihrer Familie), sondern dazu noch Werte, die sie im Laufe der Zeit über Freunde, Familie, Medien, Internet, etc.... individuell gesammelt haben und die sie sich so zu einer Individualmoral „zurechtgebastelt" haben. So entsteht im jugendlichen Individuum, angelehnt an den

[2] Beck, Ulrich: „Risikogesellschaft. Auf dem Weg in eine andere Moderne", Suhrkamp, Frankfurt am Main 1986: S. 217
[3] Krüger, Heinz-Hermann, Grunert, Cathleen (Hrsg.): „Handbuch Kindheits- und Jugendforschung", Leske & Budrich, Opladen 2002: S. 234
[4] So wird von Jugendlichen erwartet, z.B. zu lernen oder unabhängiger von den Eltern zu werden, während von Erwachsenen erwartet wird, z.B. einer Beschäftigung auf dem Arbeitsmarkt nach zugehen oder Verantwortung für eine Familie zu übernehmen. Jene Differenz soll hier aber nicht weiter vertieft werden.
[5] Shell Deutschland Holding; „Jugend 2006. Eine pragmatische Generation unter Druck", Fischer, Bonn 2006: S. 38-42

Beck'schen Begriff der „Bastel-Biografie“ eine *„Bastel-Moral“*, die sich flexibel jederzeit und überall *„vorzeigen, ausprobieren und umbauen lässt.*[6]

1.2. Die „Bastel-Moral“, die „Lebensgestaltungskompetenz“ und das „Denken der Schüler“ im LER-Unterricht

Eine „Bastel-Moral“ zu entwickeln, um sie dann vorzuzeigen, auszuprobieren oder umzubauen, kann heißen, in Beliebigkeit zu verfallen, kann aber auch heißen, Moralitäten stets zu reflektieren, über Moral an sich häufig nachzudenken, Grundlegendes, z.B. Ideologien und Utopien stets zu hinterfragen, statt blind den Prinzipien und Sehnsüchten der älteren Generation zu folgen. Wo können Jugendliche ihre „Bastel-Moral“, die sie regelmäßig individuell entwickeln, vorzeigen, ausprobieren oder umbauen? Wo können Jugendliche ihre „Bastel-Moral“ reflektieren? Nicht nur im Alltag, nicht nur unter Freunden und in der Familie, vor allem in der Schule, konkret im Ethik- bzw. im LER-Unterricht spielt die Reflexion über Moral und in dem Sinne die Reflexion über die eigene individuelle „Bastel-Moral“ im Rahmen der Lebensgestaltung in der Gesellschaft eine Rolle. Im Fach LER ist die E-Dimension (Ethik-Dimension) für das rationale, analytische und kritische Nachdenken über Moral vorgesehen:

> *Die E-Dimension entwickelt ethisch-moralisches Denken, Argumentieren sowie Urteilen und fragt nach Kriterien und Maßstäben dafür.* [7]

Schüler bringen also ihre pragmatische, individuelle *„Bastel-Moral“* aus der pluralistischen Gesellschaft, aus ihrer Lebenswelt, in der sie leben, in den Ethik- bzw. in den LER-Unterricht. Dort soll diese weiter entwickelt werden, in ein *„ethisch-moralisches Denken“* weiter vertieft werden. So steht im Lehrplan des Ministeriums für Bildung, Jugend und Sport im Land Brandenburg für das Schulfach LER, der Unterricht

> *„...zielt auf die Entwicklung einer Lebensgestaltungskompetenz im weiten Sinne. Darunter ist die Fähigkeit der Schülerinnen und Schüler zu verstehen, ihr Leben auf der Grundlage moralischer Urteilskompetenz verantwortungsbewusst und reflexiv in einer pluralistischen Gesellschaft zu gestalten. (...) Das geschieht im Hinblick auf ethisch-moralische Kriterien für die Lebensgestaltung des Einzelnen und der*

---

[6] Kuld, Lothar; Schmid, Bruno: „Lernen aus Widersprüchen“, Auer, Donauwörth 2001: S. 116
[7] Ministerium für Bildung, Jugend und Sport im Land Brandenburg (Hrsg.): „Rahmenlehrplan für die Sekundarstufe I. Jahrgangsstufen 7-10. Lebensgestaltung – Ethik – Religionskunde, 01.08.2008: S. 11

Gesellschaft, unterschiedlicher religiöser bzw. weltanschaulicher Konzeptionen und von biografischen Erfahrungen, die in den Jahrgangsstufen 7 bis 10 besonderen Veränderungen und Belastungen unterliegen." [8]

Das Fach LER erhebt also den progressiven Anspruch, dass die Schüler die Fähigkeit besitzen und weiter entwickeln sollen, ihr Leben selbst gestalten und zwar auf mannigfaltigen Grundlagen, einerseits auf individuelle, anderseits auf gesellschaftliche Kriterien, einerseits auf religiöse bzw. weltanschauliche Konzeptionen, andererseits auf eigene biografische Erfahrungen. Das heißt: Der LER-Unterricht fördert die eigenständige Lebensgestaltung auf der Grundlage des Pluralismus. Der LER-Unterricht fördert somit die jugendliche *„Bastel-Moral"*, fördert die Auseinandersetzung mit vielfältigen Moralitäten und führt somit den Begriff *„Lebensgestaltungskompetenz"* ein, fernab von jeder kanonisierten, gleichschrittigen Allgemeinbildung für alle Schüler. Was ist hier unter „Kompetenz" zu verstehen? Eine zentrale Definition des Kompetenzbegriffs finden wir bei Weinert:

„Unter Kompetenzen versteht man die bei Individuen verfügbaren oder durch sie erlernbaren kognitiven Fähigkeiten und Fertigkeiten, um bestimmte Probleme zu lösen, sowie die damit verbundenen motivationalen, volitionalen und sozialen Bereitschaften und Fähigkeiten, um Problemlösungen in variablen Situationen erfolgreich und verantwortungsvoll nutzen zu können." [9]

Insofern Schüler *„kognitiven Fähigkeiten und Fertigkeiten"* nutzen, um so *„Lebensgestaltungskompetenz"* zu erwerben, so heißt dies, dass der Schüler vom Lehrer stimuliert werden muss, selbst zu denken, was bedeutet, dass der Lehrer seine Schüler zu keiner fertigen Moral leiten oder führen sollte. Edelstein und Oser betonen:

„Nun soll der Unterricht in LER Maximen des guten Lebens nicht durch eine affirmative Indoktrinierung, moralische Normen nicht durch Konformität gegen die jeweilige Autorität (...) vermitteln." [10]

---

[8] ebd.: S.12

[9] Weinert, F. E.: „Vergleichende Leistungsmessung in Schulen – eine umstrittene Selbstverständlichkeit." In: Weinert, F. E. (Hrsg.): „Leistungsmessungen in Schulen", Weinheim und Basel, Beltz 2001: S. 17–31

[10] Edelstein, Wolfgang; Grözinger, Karl E.; Gruehn, Sabine; Hillerich, Imma; Kirsch, Bärbel; Leschinsky, Achim; Lott, Jürgen; Oser, Fritz: „Lebensgestaltung – Ethik – Religionskunde. Zur Grundlegung eines neuen Schulfachs", Beltz, Weinheim & Basel 2001: S. 72

Entsprechend fordern Edelstein und Oser von Lehrkräften ein *„Denken an das Denken der Schüler"* [11] Das heißt, LER-Lehrer müssen bzw. sollten, statt sich selbst und ihre eigene Moral zu vermitteln, Schüler anregen, geistige Handlungen (Operationen) selbst zu begehen, wie z.B. vergleichen, bewerten, darstellen, ordnen, umgestalten, anwenden, etc.... Jene kognitiven Leistungen können in dem Sinne Lernziele des Faches LER sein. Und in diesem Sinne ist auch das Argumentieren eine kognitive Leistung und somit ein Lernziel und in dem Sinne Teil der Lebensgestaltungskompetenz.

Im Folgenden soll auf das ethische Argumentieren in der Schule konkreter eingegangen werden. Dazu werden zunächst die philosophischen Begriffe „Ethik" und „Argumentieren" geklärt.

2. Ethisches Argumentieren in der Schule

2.1. Der Begriff Ethik

Ethik ist die die Theorie von der Moral. Der Begriff „Ethik" wurde von Aristoteles als *„êthikês theôrias"* eingeführt, als *„Beschäftigung mit Gewohnheiten, Sitten und Gebräuchen (êthos)."* [12] Die philosophische Disziplin „Ethik" versucht also zu begründen, warum der Mensch als Einzelner (Individualethik) oder warum eine Gesellschaft (Sozialethik) so oder so handelt und arbeitet in diesem Zusammenhang mit den Fundamentalunterscheidungen gut/böse sowie richtig/falsch.[13] Ferner fragt die Ethik klassisch nicht nur nach Handlungen, gar nach den Bedingungen für ein gutes Leben (Eudämonismus). Im Zuge der Zeit haben sich eine Reihe von ethischen Konzepten herausgebildet. Die Frage, was gutes Handeln oder gutes Leben ist, wird heute in unserer pluralistischen Gesellschaft, in heterogenen Gruppen vielfältig, unterschiedlich und ggf. gar widersprüchlich beantwortet. Seither beschäftigt sich die Ethik im Grunde auch mit Wert- und Interessenkonflikten, die zwangsläufig aus jener Pluralität, gar aus Kulturkonflikten heraus resultieren können.[14]

---

[11] ebd.: S. 156

[12] Düwell, Marcus; Hübenthal, Christoph; Werner, Micha H.: „Handbuch Ethik", Metzler, Stuttgart 2006: S. 1

[13] Wils, Jean. Pierre: „Ethik", in: Wils, Jean. Pierre; Hübental, Christoph (Hrsg.): „Lexikon der Ethik", Ferdinand Schöningh, Paderborn 2006: S. 85

[14] Düwell, Marcus; Hübenthal, Christoph; Werner, Micha H.: „Handbuch Ethik", Metzler, Stuttgart 2006: S. 2

2.2. Die Systematisierung der Ethik

Alles in allem ist die Ethik eine philosophische Disziplin. Diese Disziplin lässt sich ausdifferenzieren. Insofern sie nur auf die Beschreibung der Moral abzielt, reden wir von *deskriptiver Ethik*, jene ist mit der Moralpsychologie (Kohlberg) der Kulturgeschichte der Moral oder der Moralsoziologie verwandt.[15] Insofern die Moral nicht nur erklärt, gar begründet und kritisiert wird, so reden wir von *normativer Ethik*. Jene lässt sich im Grunde wieder ausdifferenzieren, in die *teleologische Ethik* bzw. die *konsequenzialistische Ethik*, die moralisches, gutes oder falsches Handeln nach Zwecken (telos), Erfüllungen, Ziele, Folgen oder Konsequenzen untersucht.[16] Hierzu gehört z.B. der Utilitarismus. Dem gegenüber stehen *deontologische Ansätze*, die den Anspruch verfolgen, moralisches Handeln kann nur an sich gut oder böse sein und zwar nur dann, wenn sie bestimmten Maximen, Prinzipien bzw. Regeln folgen und erst dann den Konsequenzen.[17] Hierzu zählt z.B. Kants kategorischer Imperativ aus seiner Schrift „Grundlegung der Metaphysik der Sitten". Der Ausdruck *Prinzipienethik*, *Pflichtethik* oder der Begriff *Gesinnungsethik*, sie alle sind als Synonym weit verbreitet. Schließlich gehört zur Normativen Ethik die *kontextualistische Ethik*, die moralische Handlungen hinsichtlich der Kontexte (Umwelt, Gruppe, Gesellschaft, Geografie, Sprache, Technologie, Religion, Politik...) betrachtet.[18] Der Kontextualismus ist verbunden mit dem Partikularismus und dem Relativismus. Neben der deskriptiven und der normativen Ethik ist die *Metaethik* zu erwähnen, die wissenschaftliche Grundlagen für beide Ethiken bildet, in dem Sinne Grundlagen für die Auseinandersetzung mit Moral überhaupt[19]. In der Metaethik geht man z.B. der Frage nach, inwiefern Moral objektive oder emotional-expressive Handlungsgründe besitzt.[20] Schließlich lässt sich Ethik praktisch in Fachbereiche ausdifferenzieren, z.B. in die Medizinethik, hier speziell in die Genethik, ferner in die Wirtschaftsethik oder in die Tierethik.

Diese Vielfalt an Ethiken zeigt, dass Moral unterschiedlich und vielfältig erklärt, legitimiert und gerechtfertigt werden kann, was zwangsläufig zu einem Pluralismus in der Gesellschaft, zu Kontroversen, Debatten und Streitigkeiten führt und in dem Sinne zu einer moralisch-ethischen Vielfalt unter Jugendlichen, was ich im Kapitel 1.1. ja bereits verdeutlicht habe.

---

[15] Düwell, Marcus; Hübenthal, Christoph; Werner, Micha H.: „Handbuch Ethik", Metzler, Stuttgart 2006: S. 2
[16] ebd.: S. 61, vgl. auch: Wils, 2006: S. 87
[17] ebd.: S. 122, vgl. auch: Wils, 2006: S. 87
[18] ebd.: S. 191ff, vgl. auch: Wils 2006: S. 88
[19] ebd.: S. 25ff,
[20] Wils 2006: S. 86

2.3. Voraussetzungen, Ethik zu betreiben

Hinter der Ethik steckt die grundlegende Hypothese, der Mensch müsse, ja könne sich mit Moral beschäftigen, könne sich also von Selbstverständlichkeiten, Konventionen oder Traditionen in dem Sinne lösen, dass er sie quasi von außen begutachten könne, was heißt, er könne sich quasi selbst reflektieren. Dies setzt voraus, dass der Mensch geistige Autonomie besitzt, dass humanes Handeln als zielgerichtet und freiwillig verstanden werden kann. Entsprechend setzt Ethik einen freien Willen, eine Entscheidungsfreiheit zwischen Handlungsalternativen, sowie eine Handlungsfreiheit im Menschen voraus. [21] Ethik, die Beschäftigung mit Moral, ist also, unter dem Umstand, dass der Mensch unbewusst geführt, kognitiv gelenkt oder manipuliert wird (z.B. vom Gehirn) nicht möglich.

Ethisches Argumentieren ist ferner für Schneider nur unter der Voraussetzung der *„Zurechnungsfähigkeit"* denkbar, unter der Fähigkeit, *„Verantwortung"* für das eigene Handeln tragen zu können, was ggf. heißen könnte, dass der Mensch für die Ethik quasi nicht nur mündig, sondern dass er darüber hinaus gar *„psychisch gesund"* sein müsste, wobei die Frage offen bleibt, wo *„psychische Gesundheit"* aufhört und *„psychische Krankheit"* beginnt bzw. ob nicht auch der psychisch Kranke im Grunde ein Selbstbewusstsein und somit eine Verantwortung für das eigene Handeln, somit eine Moral und in dem Sinne eine Ethik besitzt.[22] Fraglich bleibt vor allem, insofern wir hier Schneiders Vorstellung heranziehen, bei der Ethik hätten wir es *„mit Erwachsenen zu tun"*, weil für das Betreiben von Ethik eine *„Verantwortung"*, gar eine *„Zurechnungsfähigkeit"* notwendig sei, die *„wir Kindern nicht im vollen Umfang zugestehen"* [23], inwiefern dann Ethik in der Schule legitimiert ist, denn in der Konsequenz heißt dass, dass Ethik Kinder und Jugendliche überfordert. Das führt uns zu der Frage, inwiefern Kinder für ihr eigenes Verhalten Verantwortung tragen können, inwiefern Kinder und Jugendliche quasi mündig sein können bzw. inwiefern wir Kinder und Jugendliche zu Mündigkeit bzw. zu einer *„Lebensgestaltungskompetenz"* begleiten, erziehen oder führen können, inwiefern wir Mündigkeit gar als Lernziel begreifen können. Hierzu schreibt der Schriftsteller und Philosoph Vittorio Hösle in seinem Briewechsel mit der Schülerin Nora K., in seinem Buch *„Das Café der toten Philosophen"*, von nicht zu unterschätzender Bedeutung sei die Sozialisation des Kindes, das *„geistige Klima von*

---

[21] Seelig, Wolfgang: „Darlegung von Schopenhauers Grundlegung der Ethik", in: Schopenhauer, Arthur: „Gedanken zur Ethik. Vorgestellt von Wolfgang Seelig", Bechtle, München 1988: S. 15

[22] Schneider, Hans-Julius: „Ethisches Argumentieren", in: „Hastedt, Heiner; Martens, Ekkehard: „Ethik – Ein Grundkurs", Rowohlt, Hamburg 1994: S. 19ff

[23] ebd.

Familie, Freundeskreis, Schule, Hochschule und der Kultur im Allgemeinen" [24] Das heißt, dass Kinder und Jugendliche nicht pauschal alle als „unzurechnungsfähig" stereotypisiert werden sollten, sondern im Rahmen ihrer gesellschaftlichen Bedingungen verstanden werden sollten. Ethik bzw. Philosophie überhaupt mit Kindern und Jugendlichen zu betreiben ist abhängig von den Bedingungen, in denen sie aufwachsen sind. Klar ist, dass Kinder nicht „tabula rasa" sind, dass Kinder und vor allem Jugendliche Erfahrungen in ihren Lebenswelten machen, dass sie über diese Erfahrungen sich Gedanken machen, dass sie gleichzeitig Moralvorstellungen in der Welt realisieren und somit vielfältige, gar widersprüchliche Moralitäten bewusst oder gar unbewusst verinnerlichen, quasi ihre „Bastel-Moral" mit sich herumtragen, die sie sich im Rahmen ihrer Umwelt angeeignet haben und die es gilt, zu sortieren, um diese *„in eine Ordnung zu bringen"*[25]. Diese Leistung zu unterschätzen, heißt Kinder und Jugendliche zu unterschätzen und ihr Urbedürfnis, mit Neugierde und Staunen die Welt verstehen zu wollen und das Gute und Böse unterscheiden zu wollen, zu ignorieren. Insofern wir Ethik vor allem als ein Prozess verstehen, als Beschäftigung mit Moral, als Hinterfragen und Reflektieren von Normen, Zielen, Zwecken und Werten und somit als etwas, was jeder Mensch, jeder, der geistige Operationen vollziehen und nachvollziehen kann, im Grunde leisten kann, insofern ist die Ethik keine elitäre, keine universitäre Angelegenheit einiger „Philosophen" schon gar keine Obliegenheit der Erwachsenen, sie kann in jeder Schule von jedem Schüler geleistet werden, der die kognitive Leistung vollbringt, nicht nur anschaulich, sondern abstrakt zu denken. Dies können, gemäß der Entwicklungspsychologie Piagets, Kinder und Jugendliche ab ca. 12 Jahre. Sie befinden sich am Anfang ihrer Pubertät im „formaloperationalem Stadium", d.h. sie können „mit Operationen operieren". Sie können nicht nur über konkrete Gegenstände, sondern auch über Gedanken nachdenken, d.h. sie können z.B. Moral reflektieren und somit Ethik betreiben. Würde man diese Fähigkeit bei Kindern und Jugendlichen nicht anregen, würde man sie quasi nicht altersgerecht behandeln, würde sie unterfordern, v.a. die, die es von zuhause gewöhnt sind, sich mit Sinnfragen, gar mit ethischen Fragen zu beschäftigen. So schreibt Hösle:

> *„Gewiß, die Überforderung ist ein Übel; aber auch die Unterforderung von Kindern kann entsetzliche Qualen auslösen – sie führt oft entweder zum Niedergang von Talenten oder zu jener Arroganz, die aus Frustration entspringt."* [26]

---

[24] Hösle, Vittoriro: „Kindheit und Philosophie", in Hösle, Vitrorio, K.., Nora: „Das Café der toten Philosophen", Beck, München 1996: S. 241
[25] ebd.: S. 243
[26] ebd.: S. 242

Entsprechend sind wir angehalten, Kinder und Jugendliche zur Ethik zu bewegen, sie anzuregen, über Moral nachzudenken und jene Gedanken zu kommunizieren, was im Endeffekt heißt, sie herauszufordern, ihre Meinungen zu verdeutlichen und zu begründen und vor allem: ihnen zuzuhören!

2.4. Argumentieren und Argumentierkompetenz

Insofern wir Behauptungen, Thesen oder Urteile begründen, so argumentieren wir. [27] Die Fähigkeit, zu argumentieren ist im Grunde eine sprachliche Fähigkeit, denn das Argumentieren an sich ist nicht nur eine geistige Fähigkeit; Es ist eine Sprechhandlung. Ziel jeder Argumentation ist es, die jeweilige Meinung mit vertiefenden Aussagen, mit mindestens einem Grund oder gar mit mehreren Gründen, zu untermauern, um so die jeweilige Ansicht zu stützen, um so im Endeffekt einen Gesprächspartner zu überzeugen. Beim ihm soll ein Verständnis für die Meinung geweckt werden. Mit dem Argument soll gezeigt werden, dass *„eine jeweils bestimmte von mehreren möglichen konkurrierenden Sichtweisen angemessener ist, als andere.“* [28]

Brüning unterscheidet im Rahmen des Argumentierens mit Kindern und Jugendlichen zwischen empirische und nicht-empirische Gründe.[29] Zu den empirischen Gründen zählt Brüning nachprüfbare Tatsachen oder Fakten. Für das ethische Argumentieren wichtig sind aber eher nicht-empirische Gründe entscheidend. Zu ihnen gehören abstrakte Konstruktionen, z.B. Regeln, Normen, Konventionen, denen man im Rahmen eines „Common Sense“ in der Gruppe der in der Gesellschaft anerkannt hat, aber auch Folgen, Zwecke oder Konsequenzen, die jeder Gesprächspartner nachvollziehen kann. Aber auch die Bezugnahme auf Autoritäten, auf Respektpersonen, gar die Bezugnahme auf Gott gehört zu den nicht-empirischen Gründen, während die Bezugnahme auf literarische oder heilige Schriften widerum nachvollziehbar sind und daher als empirisch gelten. Schließlich beschreibt Brüning emotionale Gründe bzw. die Bezugnahme auf subjektive Gefühle, wie Ängste oder Abneigungen. Alle Gründe sollen, so Brüning, als gleichwertig betrachtet werden, Schüler sollten gar eine „Kombination mehrerer Gründe“ nutzen, nicht nur z.B. emotionale Gründe.

---

[27] Klemm, Nicole; Holz, Oliver: „Theoretische Ansätze des Philosophierens mit Kindern“, in: „Bolz, Martin (Hrsg.): „Philosophieren in schwieriger Zeit“. Lit, Münster 2003: S. 181, vgl. auch: Brüning, Barbara: „Philosophieren mit Kindern und Jugendlichen: Inhaltliche und methodische Charakteristika“, in: Grimm, Andrea (Hrsg.): „Probleme ethischer Urteilsbildung heute. Jugendliche zwischen neuer Unübersichtlichkeit und zweiter Moderne“, Loccumer Protokolle, Rehburg-Loccum 2001: S. 58

[28] Schneider, Hans-Julius: „Ethisches Argumentieren“, in: „Hastedt, Heiner; Martens, Ekkehard: „Ethik – Ein Grundkurs“, Rowohlt, Hamburg 1994: S. 33

[29] Brüning, Barbara, 2001: S. 58

Schließlich will ich hier auf die Argumentierkompetenz[30] eingehen. Sie umfasst nicht zwingend nur die Fähigkeit, Behauptungen, Thesen oder Meinungen fundiert zu begründen, Schlüsse zu ziehen und Gesprächspartner zu überzeugen, zu ihr gehört, Argumente in Texten oder in Gesprächen heraus als Argumente zu erkennen und schließlich gehört zur Argumentierkompetenz Argumente zu kategorisieren, gar zu bewerten, hinsichtlich ihrer Überzeugungskraft, ihrem Wahrheitsgehalt, ihrer Rationalität oder Emotionalität bzw. hinsichtlich ihrer Widersprüche und Fehler. In dem Sinne lässt sich die Argumentierkompetenz nicht nur als Lebensgestaltungskompetenz verstehen, sie ist gar als „kritisches Denken" zu verstehen und jenes kritische Denken ist v.a. im Umgang mit Medien, v.a. im Umgang mit Texten im Internet heute nicht nur sinnvoll, gar notwendig, um nicht von einer Informationsflut erschlagen zu werden, sondern um relevante Informationen und vernünftige Argumentation von „Bullshit", von Polemik und Unsachlichkeit zu unterscheiden.

2.5. Ethisches Argumentieren in der Schule

Worauf ich im Folgenden näher eingehen werde, ist die Didaktik des ethischen Argumentierens im Unterricht. Insofern Schüler eine Argumentierkompetenz benötigen, um über Moral zu diskutieren, zu debattieren oder zu streiten, so liegt es nahe, Kindern und Jugendlichen Grundlagen des Argumentierens näher zu bringen, d.h. ihnen allgemeine Argumentationstheorien zu verdeutlichen, die von den Schülern verstanden, also nachvollzogen werden sollen, die dann ggf. aus Texten herausgearbeitet und dann ggf. selbst an Beispielen, in Übungen im Speziellen angewendet werden können. Diese wäre eine klassische **deduktive Methode**. Man springt von der allgemeinen Theorie, über die Anwendung der Theorie in das Spezielle. Die gegenteilige Variante wäre, die **induktive Methode** zu nutzen, d.h. den Schülern eine Vielfalt von Streitgesprächen vorzulegen, um dann mit ihnen zu überlegen, wie diese sortiert, kategorisiert, im Grunde also verallgemeinert werden können, um so Theorien anhand von Erfahrungen der Schüler im Gespräch mit dem Lehrer zu entwickeln.

Beide Methoden konzentrieren sich stark auf das Argumentieren an sich und sind daher sprachwissenschaftliche Übungen, die ggf. für den Deutschunterricht in Frage kommen. Im Ethik- bzw. im LER-Unterricht soll aber eine *„Lebensgestaltungskompetenz"* aus einer „Bastel-Moral" der Gesellschaft heraus entwickelt werden, das Argumentieren kann also nicht

[30] Astleitner, Hermann: „Warum ist Argumentierkompetenz wichtig?", in: Bildungsministerium für Bildung, Wissenschaft und Kultur, Abt. IV/9 Wien (Hrsg.): „Medienimpulse. Beiträge zur Medienpädagogik". Heft Nr. 42, Dezember 2002

Unterrichtsgegenstand sein, lediglich eine Methode, um Moral diskutieren zu können, um Ergebnisse aus der Beschäftigung mit der Moral zu gewinnen. Hier steckt der Ethik- bzw. der LER-Lehrer im Problem: Er muss quasi die Fähigkeit, zu argumentieren im Schüler voraussetzen, damit die Schüler in Diskussionen über Moral kommen können. Da dies aber nicht immer vorausgesetzt werden kann, muss der Ethik- bzw. LER-Lehrer schrittweise vorgehen. Im Rahmen einer Methodenkompetenz muss er das Argumentieren schulen, um dann im Folgenden die Schüler anzuhalten, die Fähigkeit zum Argumentieren für das Argumentieren über Moral, für das ethische Argumentieren zu nutzen. Dazu braucht der LER- bzw. Ethik-Lehrer grundlegende Argumentationstheorien, die er als Methode zunächst vermitteln muss, die er aber nicht in das Zentrum des Unterrichts legen kann, indem ja die Moral stehen sollte.

Man könnte z.B. versuchen, Schülern den „praktischen Syllogismus"[31] des Aristoteles zunächst frontal, als Grundlage zu vermitteln, den die Schüler ggf. in argumentativen Texten, z.B. in veröffentlichten Streitgesprächen, wiederfinden sollen oder selbst „üben" können. Der „praktische Syllogismus" zieht aus einer allgemeinen Feststellung (1. Prämisse) und aus einer Feststellung im Einzelfall (2. Prämisse) eine Schlussfolgerung, z.B.

1. Menschen können gehen.
2. Paul ist ein Mensch.

Paul kann gehen.

Das Problem besteht hier darin, dass die Prämissen falsch sein können und überprüft werden müssen. So ist es z.B. fraglich, ob wirklich alle Menschen gehen können. Daher ist hier kritisch zu fragen, inwiefern gehbehinderte Menschen ausgeschlossen werden. Selbst wenn wir hier gehbehinderte Menschen als Ausnahmen betrachten, um so eine Allgemeinheit bzw. eine „Normalität" zu verdeutlichen, bleibt einerseits fraglich, ob es gut ist, Menschengruppen nicht als Allgemeinheit, nicht als „normal", sondern als „anormal" zu verstehen, inwiefern dies nicht Menschen verletzt (was im Grunde eine sozialethische Frage wäre). Andererseits ist damit der Syllogismus (bzw. die Schlussfolgerung) hinfällig, weil nicht klar ist, ob nicht gerade Paul als Einzelfall gehbehindert ist.

---

[31] Rohbeck, Johannes: „Methoden des Philosophie- und Ethikunterrichts", in: Rohbeck, Johannes (Hrsg): „Methoden des Philosophierens". Dresdner Hefte für Philosophie, Heft 2; Jahrbuch für Didaktik der Philosophie und Ethik; Band 1, w.e.b. Universitätsverlag Eckard Richter, Dresden 2000: S. 165ff; vgl. auch: Pfeifer, Volker: „Was ist richtig, was ist falsch? – Ethisches Argumentieren", in: Rohbeck, Johannes: „Praktische Philosophie", Siebert, Hannover 2003: S. 37-39

Unabhängig davon können wir den praktischen Syllogismus nicht immer für moralische Handlungen nutzen. Wir können nicht schlussfolgern, dass es gut ist, dass Menschen Menschen töten, dass Paul ein Mensch ist und dass es daher gut ist, dass Paul Menschen tötet. Das wäre zwar formal logisch argumentiert, aber nicht ethisch argumentiert. Ethisches Argumentieren heißt gutes Handeln zu begründen und keine Exempel am Einzelfällen zu statuieren. Insofern der praktische Syllogismus im Unterricht bzw. überhaupt in der Ethik angewendet werden kann, so dann nur, um Schlussfolgerungen aus allgemeinen Handlungsregeln für spezielle Handlungen zu ziehen bzw. um allgemeine moralische Normen an speziellen empirischen Sachverhalten zu beschreiben.[32], z.B.

Es ist nicht gut, Menschen zu töten (=allgemeine Handlungsegel)
Paul ist ein Mensch. (=empirischer Sachverhalt)

Es ist nicht gut, Paul zu töten.

Das Problem an dieser Argumentation besteht nicht nur darin, dass sie sehr juristisch wirkt, sie zielt im Grunde auf keine Ethik, sondern bestätigt nur eine allgemeine Moral am Einzelfall. Die ethische Frage wäre: Warum ist es nicht gut, Menschen zu töten? Die allgemeine Handlungsregel wird nicht hinterfragt und im dem Sinne nicht begründet und daher liegt keine ethische Argumentation, keine Ethik an sich vor, lediglich eine formal-logische Argumentation. Der praktische Syllogismus eignet sich also nicht für die ethische Argumentation (in der Schule als Methode). Um Ethik zu betreiben, um Moral zu hinterfragen (insb. die eigene „Bastel-Moral" aus der Gesellschaft) ist es also notwendig, sich auf gute oder schlechte Handlungen und ihre Begründungen, Untermauerungen und Vertiefungen zu konzentrieren (was sicher besser funktioniert, wenn der jeweilige Schüler bereits in einem Umfeld lebt, indem er die Möglichkeit bekommt, sein Handeln und ggf. sein Denken kritisch zu hinterfragen. Ein reflektiertes Elternhaus bzw. ein kritisches Umfeld ist also von Vorteil für den Schüler, dem Ethik-Unterricht zu folgen, wie bereits in Kapitel 2.3. beschrieben.)

Insofern ethisches Argumentieren bedeutet, moralisches Handeln zu begründen bzw. zu rechtfertigen, so liegt es nahe, Schülern eine Methode zu vermitteln, die das Begründen, Vertiefen und Rechtfertigen von moralischen Thesen visualisiert, um ihnen so eine

---

[32] Pfeifer, Volker: „Ethisches Argumentieren", Kondordia, Brühl 1997: S. 26-29

Orientierung zu bieten. Ein Schema finden wir bei Stephen Toulmin[33], der versucht hat, zu verdeutlichen, wie man ethische Argumentationen visualisieren kann:

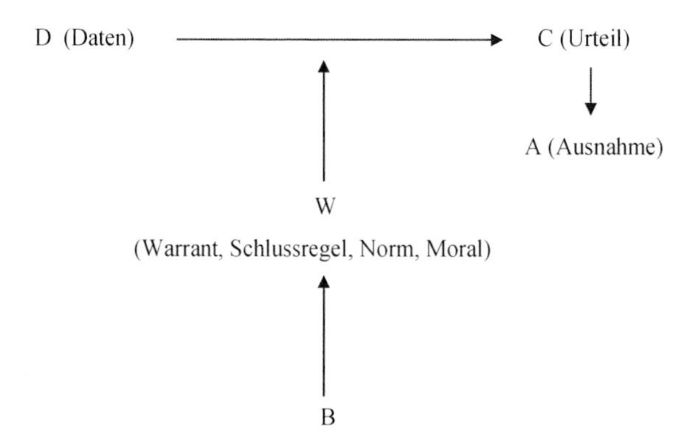

(Backing, Stützung der Norm bzw. der Moral, „zugrundeliegendes ethisches Konzept")

Zunächst haben wir eine Handlung oder einen Willen (D). Diese Handlung wird bewertet (C). Eine Ausnahme kann verdeutlicht werden. Diese Bewertung wird normativ begründet (W). Diese Norm bzw. diese Moral wird dann ethisch gestützt (B). Ein Vorteil in dieser Visualisierung liegt darin, dass die Dimensionen „Daten" (D), „Urteil" (C), „Handlungsnorm" (W) und „zugrundeliegendes ethisches Konzept" (B) als Maßstäbe für eine „angemessene", d.h. reflektierte Argumentation betrachtet werden können und damit eine Orientierung für Schüler darstellen. Schüler lernen am Modell, Behauptungen (C) normativ zu begründen (W), können gleichzeitig Ausnahmen hinzufügen. In dem Sinne können sich Schüler also ihre „Bastel-Moral", die sie in den LER-Unterricht mitbringen, bewusst analysieren. Sie lernen weiterhin, dass die die jeweilige Moral ethisch gestützt werden muss (B). Das Konzept von Stephen Edelston Toulmin visualisiert weiterhin Argumentationsstrukturen von Diskussionen, die geführt wurden oder in Texten geführt werden. Visualisierungen haben den Vorteil der Übersichtlichkeit, der Nachvollziehbarkeit und bieten eine gute Grundlage für Analysen von Streitgesprächen und somit eine gute Grundlage für die Argumentationskompetenz. Das Schema besitzt aber seine Schwäche in seiner Modellhaftigkeit. Irrationalität, Emotionalität oder Abschweifungen (Exkurse) fängt das Modell eher nicht auf.

---

[33]ebd.: S. 31-33, vgl. auch: Pfeifer, Volker: „Was ist richtig, was ist falsch? – Ethisches Argumentieren", in: Rohbeck, Johannes: „Praktische Philosophie", Siebert, Hannover 2003: S. 37-39; vgl. auch: Toulmin, Stephen: „Der Gebrauch von Argumenten", Scriptor, Kronberg 1975

Daher ist es ggf. notwendig, Schüler auf Kategorien von ethischen Argumenten hinzuweisen. Hierbei kann der Lehrer das ethische Argumentieren auf die Systematik der Ethik aufbauen. Er kann das „gute Handeln“ auf die Vielzahl der Bedeutungen von „gut“ auseinanderhalten.[34], z.b. auf das instrumentell Gute, in dem Sinne, dass es funktioniert (z.B. das Messer), oder auf das technisch gute („ein guter Läufer“), auf die gute Handlung hinsichtlich des guten Willens, d.h. auf die gute Absicht, auf das hedonistisch Gute, z.B. auf das, was gerade jetzt Spaß und Freude bereitet (Wetter, Musik, ...) oder auf gute Zwecke bzw. gute Prinzipien. In diesem Zusammenhang könnte z.B. der Lehrer fragen, wie z.B. Kant argumentieren würde bzw. wie Bentham als Utilitarist antworten würde, vorausgesetzt, den Schülern sind die jeweiligen Unterschiede zwischen der Prinzipienethik und der Zweckethik bekannt. Insofern jene ethischen Konzepte nicht bekannt sind, kann der Lehrer den Schüler verdeutlichen, auf was für Grundlagen an sich Bezug genommen werden kann[35], z.B. auf Tatsachen, Gefühle, Folgen, Personen, Gruppen oder gar auf eine schon vom Schüler individuell getragene Moral oder Ethik („Stefans Vorstellungen“ vs. „Susannes Vorstellungen“). Hier wird der Klasse auch deutlich, dass ethisches Argumentieren komplex und ggf. individuell unterschiedlich ist, dass zu einer Moral es viele Möglichkeiten gibt, diese zu rechtfertigen. Dabei könnte der LER-Lehrer stehen bleiben und kann somit den Schülern vermitteln, dass jene Komplexität und somit jener Pluralismus gut und richtig ist. Hier würde er Differenzen aufbauen („Stefan denkt nicht wie Susi“) und das unter dem Umstand von Polarisierungen zu Konflikten führen („Stefan hat Recht, Susi nicht.“). Er könnte dagegen auch versuchen, die Schüler zu einer Dialektik zu bewegen, d.h. er kann versuchen, ihre Positionen als These bzw. Antithese zu verstehen, um so die Schüler anzuhalten, ob es ggf. Kompromisse gibt, auf die man sich einigen könnte. Dies ist vor allem sinnvoll, wenn Konflikte realisiert werden.

Schließlich ist es ferner möglich, mit den Schülern zu debattieren, ob es eine Moral gibt, die so allgemein gehalten ist, dass alle Klassenmitglieder sie unterschreiben könnten, was bedeutet, dass man sich mit Moral in dem Sinne beschäftigt, dass sie als Kollektivmoral von der Individualmoral zu unterscheiden ist. Dies wäre quasi in der Konsequenz eine Abkehr vom Pluralismus. Es wäre der Versuch, mit Schülern Ethik nach dem Prinzip der Verallgemeinerung[36] zu verstehen und eine Option, mit Schülern Ethik zu betreiben. Dazu könnte z.B. der Lehrer die verschiedenen Vorstellungen der Schüler, was richtig und was falsch ist, in einer Art Brainstorming sammeln lassen, um diese Vorstellungen dann mit den

[34] Pfeifer, 1998: S. 52
[35] ebd.: S. 34
[36] Pfeifer, 1997: S. 36ff

Schülern hinsichtlich auffälliger Regelmäßigkeiten zu analysieren. So könnten z.B. die Moralitäten „Du sollst nicht stehlen" oder „Du sollst niemanden schlagen." hinsichtlich der Schadensbegrenzung zusammengefasst werden. Das setzt natürlich ein starkes Abstraktionsvermögen bei den Schülern voraus. Insofern dabei ein so großer Abstraktionsgrad erreicht wird, dass aus einer Vielzahl moralischer Gebote, Vorschriften und Vorstellungen eine Moral zusammengefasst werden kann, die ggf. tiefer ethisch begründet werden kann, so könnte man jene Verallgemeinerung „goldene Klassenregel" nennen, in Anlehnung an die „goldene Regel". Dies wäre eine stark induktive Methode, sie würde an der Lebenswelt der Schüler anknüpfen und würde im Grunde einen Zusammenhalt und somit soziale Kompetenzen fördern. Auf der anderen Seite würde sie Unterschiede und Komplexitäten und jenen Pluralismus neutralisieren, der real vorhanden ist und der auch auszuhalten und zu tolerieren ist.

Insofern dies zu nah an den Schülern ist, so kann man als Lehrer versuchen, Moral und Ethik an Beispielen zu verdeutlichen, z.B. an Texten, in den literarische Figuren in moralischen Problemen stecken. Nirgendwo wird Ethik, die Beschäftigung mit der Moral, so deutlich, wie in Dilemmageschichten[37], in Situationen, in denen ein Mensch vor der Wahl steht, zwischen zwei Handlungsmöglichkeiten sich zu entscheiden, die beide allgemein als moralisch falsch (seltener beide als gut) bewertet werden. In diesem Moment stellt er die ethische Gewissensfrage: „Was soll ich tun?". Diese Frage kann auf die Klasse übertragen werden: „Was soll er tun?" Das Reflektieren über zwei moralische Wahloptionen, ist z.B. eine Möglichkeit bzw. ein Anlass, Ethik zu betreiben. Hier kann man die Schüler in Gedankenexperimenten Konsequenzen antizipieren lassen oder sie anregen, Prinzipien zu entwickeln, die begründen, warum er (oder sie) dies oder jenes tun sollte. Schließlich ist auch beides möglich, nach Konsequenzen und nach Prinzipien oder sonstigen Standpunkten zu fragen, um nach einer Hierarchisierung der Aussagen, nach einer Klärung von Fragen und nach einer Klassendiskussion die Schüler anzuregen, ihr eigenes begründetes Urteil zu formulieren, welches dann vorgetragen werden kann, welches dann mit Sicherheit fundierter ist, als Schüler, wie z.B. nach Interpretationen im Deutschunterricht, nur nach „ihrer Meinung" zu fragen.[38]

---

[37] Wegner, Britta: „Mit Dilemmageschichten moralisches Urteilen und Argumentieren lernen", in: „EU – Ethik und Unterricht". Zeitschrift für die Fächergruppe Ethik/Werte und Normen/LER/Praktische Philosophie, 1/2006, vgl. auch: Mutzbauer, Monica: „Dilemmageschichten", Ethik Jahrgangsstufe 5-10, Bayerischer Schulverlag, München 2006

[38] vgl. Edelstein et. al., 2001: S. 184

Eine kleinschrittige Vorgehensweise für eine ethische Urteilsfindung, v.a. für die Bereichsethik (z.B. Tierethik, politische Ethik,...) schlägt Pfeifer[39] vor, die ich hier zuletzt darlegen möchte, Er betont, dass es in jedem moralischen Fall, der argumentiert werden soll (z.B. Tierversuche, Todesstrafe, etc...), zunächst es wichtig ist, eine Situationsanalyse mit den Schülern zu machen, sie zunächst nach objektiven Sachverhalten zu fragen, z.B. nach Akteuren, die am moralischen Problem beteiligt sind. Hier geht es zunächst nur darum, das moralische Problem überhaupt nur beschreiben zu können. Schließlich ist hier eine Aufklärung sinnvoll, nicht jedem Schüler ist bewusst, was z.B. in der Debatte um die Todesstrafe überhaupt das Problem ist, abgesehen davon, dass jemand stirbt, der ein Verbrechen begangen hat. Erst dann soll eine Interessenanalyse stattfinden, die Interessen der jeweiligen Akteure sollen herausgearbeitet und gegenüber gestellt werden. In dem Sinne wird hier Argumentierkompetenz eingeübt. Nach der Analyse der Interessen werden diese hinsichtlich ihrer grundlegenden Normen,Werte und Ziele hinterfragt und ein grundlegender Normenkonflikt wird aufgezeigt. Im letzten Schritt, in der Güterabwegung findet die eigentliche ethische Argumentation statt. Nach einer gewissen „Vorliebe" bzw. nach einer gewissen kognitiven Einsicht soll der Schüler beide Normen abwägen. Dies kann er in Einzelarbeit oder in der Diskussion in der Gruppenarbeit tun. Hier werden beide polarisierenden Normen quasi in eine Waagschale geworfen und die Schüler gelangen nach der Reflexion über beide Normen schließlich zu einem ethischen Urteil. Diesen Prozess können die Schüler dokumentieren, um ihn dann ggf. auf einem Plakat zu visualisieren, um diesen dann vorzustellen. So kommen sie schließlich zu einer fundierten Begründung für eine Moral und so zu einer Ethik.

3. Fazit

Diese Modularbeit hat bisher verdeutlicht, in welcher Gesellschaft wir leben, in einer Gesellschaft, die im Rahmen der Individualisierung, im Rahmen ihrer Fragmentarisierung zu mehr Risiken, in dem Sinne zu mehr Ängsten und Unsicherheiten, aber auch zu mehr Freiheit führt, zu der Freiheit, sich nicht mehr einer Bezugsgruppe unterzuordnen, sondern das Leben selbst zu gestalten, was zu mehr sozialer, aber auch zu moralischer Komplexität führt. Dies hat Auswirkungen auf Kinder und Jugendliche, die in dieser Komplexität aufwachsen, die sich einerseits verunsicher fühlen, die anderseits stets versuchen, sich selbst zu verwirklichen,

[39] Pfeifer, 1997: S. 69, vgl. auch: Pfeifer, Volker: „Was ist richtig, was ist falsch? – Ethisches Argumentieren", in: Rohbeck, Johannes: „Praktische Philosophie", Siebert, Hannover 2003: S: 41-43

wozu auch gehört, aus der Komplexität heraus seine eigene Moral aus einer Vielfalt der Moralitäten selbst zu denken, statt sich Konventionen blind zu verpflichten. Jene „Bastel-Moral" bringen Schüler in den LER-Unterricht mit, die dort vertieft, sortiert, geordnet, im Grunde reflektiert wird, was zu einer „Lebensgestaltungskompetenz" führt, die als Lernziel im Lehrplan verdeutlicht wurde. Das können Kinder und Jugendliche natürlich nur, wenn Schule und Lehrer, wenn Erwachsene Kindern und Jugendlichen einen freien Willen, quasi eine „Zurechnungsfähigkeit" für das eigene Leben zugestehen, wenn man ihnen zutraut, rationale und emotional über Moral nachzudenken, quasi Ethik zu betreiben, was laut der Entwicklungspsychologie Piagets Kinder und Jugendliche ab 12 Jahren können sollten, was aber abhängig ist, von ihrer Sozialisation, vom Elternhaus und von der Kultur, in der die Kinder und Jugendliche jeweils aufwachsen. Insofern man Ihnen dies zugesteht, so ist gerade in der Komplexität der Bastelmoralitäten der Kinder und Jugendlichen, eine gewisse Argumentierkompetenz als Handwerkszeug zur Beschäftigung mit Moral zwingend notwendig, die Fähigkeit, die eigene Moral begründen zu können, um so zu überzeugen. In dem Sinne hat die Modularbeit Grundlagen und Voraussetzungen für das Argumentieren in der Schule verdeutlicht. Natürlich müssten hier noch weitere Voraussetzungen beleuchtet werden, wie z.B. das Fach LER an sich, das ja nicht als Insel auftritt, sondern im Stundenplan der Schüler und hier ist es nicht unbedeutend, ob LER am Dienstag in der dritten Stunde auf dem Plan steht – also zentral und gleichwertig neben weiteren Fächern - oder am Freitag in der letzten Stunde, in der die Schüler sich quasi für das Wochenende vorbereiten und daher für komplexe Fragen bzgl. Moral und Ethik keine Nerven mehr besitzen. Wichtig ist auch, wo der LER-Unterricht stattfindet, ob gleichwertig im Klassenraum, in dem er wie jeder Unterricht stattfindet oder ob in einem speziellen LER-Fachraum, wobei hier wieder die Frage besteht, wo sich dieser befindet, ob im Keller oder im Dachboden. So habe ich in einem Praktikum erlebt, dass in einer Berliner Grundschule der „Lebenskunde"-Unterricht, in dem die Grundlagen für den späteren Ethik-Unterricht in der Sek. 2 gelegt werden, im Keller der Schule stattfand, separiert von regulären Klassenräumen. Dies hat eine nicht unbedeutende Signalwirkung auf das Selbstverständnis für das Fach und somit eine nicht unerhebliche Bedeutung für den Umgang der Schüler mit dem Fach Lebenskunde So wird selten der Ethik-Unterricht, bzw. der LER- oder Lebenskunde-Unterricht als „unwichtig", als „beiläufig" oder als „Laberfach" verschrien. Insofern ein LER-Fachraum existiert ist es ferner wichtig, sich zu fragen, wie dieser eingerichtet ist, inwiefern er Anregungen für die Beschäftigung mit Moral liefern, inwiefern Materialien, wie Bücher, Karten oder Plakate das Thema würdigen bzw. inwiefern die Schüler diese Materialien nutzen oder beachten. In dem Zusammenhang ist es auch wichtig, sich zu fragen, wie Bänke, Tische und Stühle angeordnet sind. Insofern argumentiert werden soll, sind Stuhlkreise bzw. „runde Tische" sinnvoller, als Schüler, die sich mit dem Rücken ansehen. Schließlich ist auch nicht unerheblich, wie der LER-, Ethik- oder Lebenskunde-Unterricht zum Religionsunterricht steht, inwiefern er als Konkurrenz, als Alternative oder als Ergänzung betrachtet wird. Auf all diese Bedingungen für einen „guten" Unterricht kann diese Modularbeit nicht eingehen, dies würde die Seitenanzahl sprengen. Stattdessen hat diese Modularbeit einige Ansätze vorgestellt, wie das ethische Argumentieren in der Schule durchgeführt werden kann. Dabei hat diese Modularbeit klar verdeutlicht, dass das Argumentieren eine Methode im LER-Unterricht ist und kein Unterrichtsgegenstand, somit also zur Methodenkompetenz und nicht zur Sachkompetenz gehört (bzw. in die Sachkompetenz des Bereichs „Mündliche Sprache" im Deutschunterricht). Schließlich ist das ethische Argumentieren formal-logisch, im Sinne des praktischen Sylogismus nicht geeignet, da dieser lediglich eine Handlungsnorm über ein Einzelbeispiel bekräftigt, aber die Handlungsnorm selbst wird nicht begründet. In dem Sinne ist das Toulmin-Schema, mit dem ein moralisches Problem, ein moralisches Urteil, die Moral selbst und die Stütze der Moral visualisiert werden kann, schon eher geeignet, wie alle Schemen hat aber auch dieses die Schwäche, dass es modellhaft ist und viele Aspekte außen vor lässt und eine geradlinige Argumentation voraussetzt.. Unabhängig davon hat diese Modularbeit verdeutlicht, dass ethisches Argumentieren dann funktioniert, wenn Schüler wissen, worauf sie Bezug nehmen, auf ihnen schon bekannte Ethiken bzw. auf Kategorien, wie z.B. Gefühle, Fakten etc... Schließlich bleibt fraglich, ob es möglich ist, in Klassen eine kollektive Klassenethik zu entwickeln, indem man die Moralitäten der Schüler hinsichtlich ihr Gemeinsamkeiten analysiert oder ob es sinnvoller ist, den ethischen Pluralismus der Schüler zu bewahren.

4. Literatur

- Astleitner, Hermann: „Warum ist Argumentierkompetenz wichtig?“, in: Bildungsministerium für Bildung, Wissenschaft und Kultur, Abt. IV/9 Wien (Hrsg.): „Medienimpulse. Beiträge zur Medienpädagogik“. Heft Nr. 42, Dezember 2002
- Brüning, Barbara: „Philosophieren mit Kindern und Jugendlichen: Inhaltliche und methodische Charakteristika“, in: Grimm, Andrea (Hrsg.): „Probleme ethischer Urteilsbildung heute. Jugendliche zwischen neuer Unübersichtlichkeit und zweiter Moderne“, Loccumer Protokolle, Rehburg-Loccum 2001
- Beck, Ulrich: „Risikogesellschaft. Auf dem Weg in eine andere Moderne“, Suhrkamp, Frankfurt am Main 1986
- Becker, G.E.: „Planung von Unterricht“, Beltz, Weinheim & Basel 1997
- Düwell, Marcus; Hübenthal, Christoph; Werner, Micha H.: „Handbuch Ethik“, Metzler, Stuttgart 2006
- Edelstein, Wolfgang; Grözinger, Karl E.; Gruehn, Sabine; Hillerich, Imma; Kirsch, Bärbel; Leschinsky, Achim; Lott, Jürgen; Oser, Fritz: „Lebensgestaltung – Ethik – Religionskunde. Zur Grundlegung eines neuen Schulfachs“, Beltz, Weinheim & Basel 2001
- Friebe, Holm; Lobo, Sascha: „Wir nennen es Arbeit: Die digitale Boheme ...“, Heyne Verlag, 2006
- Hösle, Vittoriro: „Kindheit und Philosophie“, in Hösle, Vitrorio, K.., Nora: „Das Café der toten Philosophen“, Beck, München 1996
- Rohbeck, Johannes: „Methoden des Philosophie- und Ethikunterrichts“, in: Rohbeck, Johannes (Hrsg): „Methoden des Philosophierens“. Dresdner Hefte für Philosophie, Heft 2; Jahrbuch für Didaktik der Philosophie und Ethik; Band 1, w.e.b. Universitätsverlag Eckard Richter, Dresden 2000
- Kuld, Lothar; Schmid, Bruno: „Lernen aus Widersprüchen“, Auer, Donauwörth 2001
- Krüger, Heinz-Hermann, Grunert, Cathleen (Hrsg.): „Handbuch Kindheits- und Jugendforschung“, Leske & Budrich, Opladen 2002
- Klemm, Nicole; Holz, Oliver: „Theoretische Ansätze des Philosophierens mit Kindern“, in: „Bolz, Martin (Hrsg.): „Philosophieren in schwieriger Zeit“. Lit, Münster 2003
- Ministerium für Bildung, Jugend und Sport im Land Brandenburg (Hrsg.): „Rahmenlehrplan für die Sekundarstufe I. Jahrgangsstufen 7-10. Lebensgestaltung – Ethik – Religionskunde, 01.08.2008, zu finden im Internet auf dem Brandenburgischen Bildungsserver (BBS) des Landesinstitut für Schule und Medien Berlin-Brandenburg (LISUM) unter: http://www.bildung-brandenburg.de/fileadmin/bbs/unterricht_und_pruefungen/rahmenlehrplaene/sekundarstufe_I/Rahmenlehrplaene/RLP_2008_Korrektur_3-9-2008/RLP_Lebensgestaltung_Ethik_Religionskunde_Sek1_2008_Brandenburg.pdf
- Mutzbauer, Monica: „Dilemmageschichten“, Ethik Jahrgangsstufe 5-10, Bayerischer Schulverlag, München 2006
- Pfeifer, Volker: „Ethisches Argumentieren“, Kondordia, Brühl 1997
- Pfeifer, Volker: „Was ist richtig, was ist falsch? – Ethisches Argumentieren“, in: Rohbeck, Johannes: „Praktische Philosophie“, Siebert, Hannover 2003: S. 35-50
- Rohbeck, Johannes: „Methoden des Philosophie- und Ethikunterrichts“, in: Rohbeck, Johannes (Hrsg): „Methoden des Philosophierens“. Dresdner Hefte für Philosophie, Heft 2; Jahrbuch für Didaktik der Philosophie und Ethik; Band 1, w.e.b. Universitätsverlag Eckard Richter, Dresden 2000
- Schneider, Hans-Julius: „Ethisches Argumentieren“, in: „Hastedt, Heiner; Martens, Ekkehard: „Ethik – Ein Grundkurs“, Rowohlt, Hamburg 1994
- Seelig, Wolfgang: „Darlegung von Schopenhauers Grundlegung der Ethik“, in: Schopenhauer, Arthur: „Gedanken zur Ethik. Vorgestellt von Wolfgang Seelig“, Bechtle, München 1988
- Shell Deutschland Holding; „Jugend 2006. Eine pragmatische Generation unter Druck“, Fischer, Bonn 2006
- Toulmin, Stephen: „Der Gebrauch von Argumenten“, Scriptor, Kronberg 1975
- Wegner, Britta: „Mit Dilemmageschichten moralisches Urteilen und Argumentieren lernen“, in: „EU – Ethik und Unterricht“. Zeitschrift für die Fächergruppe Ethik/Werte und Normen/LER/Praktische Philosophie, 1/2006
- Wils, Jean. Pierre: „Ethik“, in: Wils, Jean. Pierre; Hübental, Christoph (Hrsg.): „Lexikon der Ethik“, Ferdinand Schöningh, Paderborn 2006: S. 85-89

Lightning Source UK Ltd.
Milton Keynes UK
UKRC02n1603021018
329847UK00001B/8

* 9 7 8 3 6 4 0 5 2 5 9 8 0 *